PROFIL
F L O R A L

IN MEMORIAM

GEDENKFLORISTIK

THALACKER MEDIEN

IN MEMORIAM
GEDENKFLORISTIK

KONZIPIERT UND REALISIERT VOM
TEAM „PROFIL FLORAL“
UNTER DER GESAMTLEITUNG
VON KLAUS WAGENER.

FLORISTISCHE PLANUNG UND PROJEKTLEITUNG:
JAN-DIRK VON HOLLEN.

FLORISTISCHE UMSETZUNG:
JAN-DIRK VON HOLLEN
STEPHAN PANTZE
TATJANA SAUTTER-DURBAN.

HIER RUHEN
D.15. SEPT. 1751.
GEB. MEHMEL
D.23. OCT. 1830

Die Deutsche Bibliothek - CIP-Einheitsaufnahme

In Memoriam : Gedenkfloristik. / Profil Floral

[Gesamtleitung: Klaus Wagener. Text: Hella Henckel-Bruckhaus.] -

1. Aufl. - Braunschweig : Thalacker-Medien, 1997

ISBN 3-87815-105-5

Gesamtleitung:	Klaus Wagener,
	Floristik Marketing Service GmbH (FMS), Ratingen.
Projektleitung:	Jan-Dirk von Hollen, Bielefeld.
Floristik:	Jan-Dirk von Hollen, Stephan Pantze,
	Tatjana Sautter-Durban.
Text:	Hella Henckel-Bruckhaus – Mediaconcept, Ratingen.
Grafische Gestaltung:	Silvia Weichert – Grafik-Design, Köln.
Skizzen:	Bernd Wagenfeld, Düsseldorf.
Foto:	Patrick Pantze Werbefotografie GmbH, Lage.
Druck:	La Grafica Faggian srl, Padua/Italien.

Postfach 8364, 38133 Braunschweig

1. Auflage 1997

ISBN 3-87815-105-5

M. Louis
Rodemann

VORWORT

Neue Formgebung bei den dauerhaften Werkstücken für Grab und Gedenken beleben das Angebot. Sie tragen dem Wunsch der Friedhofsbesucher nach individuell und ideenreich-zeitgerecht gestalteten Gräbern Rechnung.

Denn längst ist es auch Menschen ohne kirchliche Bindung oder Glauben ein persönliches Bedürfnis, ihre Gräber zu Allerheiligen oder Totensonntag zu schmücken und für die kalten Wintermonate herzurichten. Leider hat die verstärkt vom branchenfremden Handel angebotene gesichtslose Massenware an Grabschmuckteilen die floristisch-gärtnerische Produktpalette verflachen und für den Kunden uninteressant werden lassen.

Der moderne Verbraucher, der im Alltag einer sich ständig wandelnden und weiterentwickelnden Umwelt konfrontiert sieht, möchte - trotz aller Sehnsucht nach Tradition und gefühlsmässiger Ansprache - auch bei floristischen Arbeiten den Zeitbezug sehen. Selbstverständlich darf dies nicht auf Kosten bewährter Ausdrucksformen, symbolischer Bezüge oder tradierten Brauchtums gehen. Dennoch kann zeitgemässe Formensprache bei den Grabgestecken und auf dem Friedhof Einzug finden und damit auch den trauernden und gedenkenden Menschen in der heutigen Zeit mit einbeziehen. Vor allem Friedhofsbesucher, die bislang uniformen, ideenlos gestalteten Grabschmuck ablehnten, werden sicher durch gefühlvolle und kreative Gestaltungen neuen Zugang zu Gedenk- und Trauerschmuck bekommen.

Wir vom „profil floral“-Team hoffen, dass dieses Buch sowohl den Kunden und Friedhofsbesuchern, als auch den Floristen anschauliche Anregungen und neue Ideen für die Praxis geben wird.

Mein Dank gilt dabei besonders Floristmeister Jan-Dirk von Hollen, der als Verantwortlicher zusammen mit Stephan Pantze und Tatjana Sautter-Durban die Arbeiten in diesem Buch konzipiert und realisiert hat.

Klaus Wagner

Die Symbolform Kranz

Kein Friedhof ohne Kranz. Schon seit altersher gilt die geschlossene Kranzform ohne Anfang und ohne Ende als ein Zeichen der Unendlichkeit und des immerwährenden Lebens. Besonders in seiner immergrünen Ausgestaltung mit Koniferenzweigen, aber auch als Blatt- und Blütenkranz ist er schmückendes Werkstück bei Traueranlässen und auf dem Friedhof.

Zu den speziellen Trauer- und Gedenktagen im Herbst wird er als Zeichen der ehrenden und liebevollen Erinnerung an Grabmälern abgelegt. Doch auch als floristischer Dauerschmuck auf dem winterlich hergerichteten Grab ist er ein Schmuckstück, das die persönliche Verbindung zum Verstorbenen zum Ausdruck bringt.

Die Menschen, die zunehmend wieder sensibler für die Belange des Friedhofes und der Grabstätten werden, legen Wert auf eine Symbolik voller Hoffnung, die Verstorbene und Hinterbliebene gleichermassen einbezieht. Hierbei spricht der Kranz die passende Formensprache.

Mooskranz-Variationen

Auf Steinplatten oder auf einer Bepflanzung mit Bodendeckern bildet der klassische Allerheiligen-Kranz aus Plattenmoos einen interessanten Schmuck. Die locker erscheinende, aber feste Umschlingung aus Changeant-Kranzband, Kordel und Trauerflor ist auch durch Wind und Wetter nicht aus der Form zu bringen. Je nach farblicher Gestaltung der Grabstätte kann statt der rötlichen Hortensienblüte auch eine weisse oder bläuliche Trockendolde gewählt werden.

Unterschiedlich grosse Gruppen verschiedener Moose bestimmen die Struktur und Farbwirkung dieses gehafteten Kranzes. Islandmoos - mal frisch, mal trocken verarbeitet - hebt sich deutlich von dem grünen Polster des heimischen Plattenmooses ab. Der Akzentschmuck aus geflochtenen Kordeln, gebleichten Hanffasern und trockenen Ranken übersteht selbst die unwirtliche Herbstwitterung.

Erst auf den zweiten Blick entpuppt sich der nebenstehende Grabschmuck als Mooskranz. Das breite Changeant-Band in dunklem Blaugrün gibt der lebhaften Kranzgestaltung den beruhigenden Halt. Das Moos ist hier nicht flächig auf den Kranzkörper gehaftet, sondern wie das feingliedrige Heidelbeerkraut und das Trockengeäst als Büschelchen eingearbeitet. Wer mag, betont das Kranzband zusätzlich mit einer Schleife aus Brokatband.

Rund gesteckte Winterkränze

Goldgelb und Frischgrün. Sehr natürlich mutet dieser Gedenkkranz an. Damit die Zweige von Kiefer und Eibe lange frisch bleiben, fußt alles in einer wassersaugenden Steckschaumunterlage. Ein Holzring als Bodenplatte gibt dem Kranz die notwendige Stabilität. Nach dem Winter, wenn auf dem Grab die blühenden Pflanzen Einzug halten, kann er komplett auf dem Friedhofskompost entsorgt werden, da alle Bestandteile schredder- und kompostierbar sind.

Bei der zweiten Kranzvariante bringen neben den Efeuranken Kiefern- und Taxuszweige die frische Anmutung. Auch hier unterstreichen Baumpilze, Zapfen und Flechtenzweige den Waldcharakter. Besonders naturverbundene Menschen werden solche Werkstoffe bevorzugt für den winterlichen Gräberschmuck ihrer Angehörigen wählen. Ein Kranz, der bis ins Frühjahr hinein haltbar bleibt!

Bewusst eingesetzter Farb- und Formenkontrast belebt den nebenstehend abgebildeten Kranz. Die roten Beeren der Stechpalme bringen die herbstliche Leuchtkraft. Fast alle Werkstoffe entstammen der heimischen Natur. Wie beim Waldboden überziehen Farne und trockenes Geäst die tiefergelegenen Moospolster und eingesteckten Zapfen. Die noch grünen Blätter von Galax werden mit der Zeit eintrocknen.

Herbstkränze mit Millefleurs-Charakter

Millefleurs-Charakter selbst bei herbstlichen Kränzen zu den Trauer- und Gedenktagen! Dauerhafte Fruchtstände und gebleichte Zapfen, die in Farbe und Form an Blüten erinnern, schaffen hier ein neues Erscheinungsbild. Eine gekonnte Farbabstimmung, sowie die ausgewogene Verteilung und Gewichtung der Einzelbestandteile ist für die harmonische Wirkung ausschlaggebend.

Auch eine leichte strukturgebende Höhen- und Tiefenstaffelung im Mix der frischen und trockenen Werkstoffe belebt auf natürliche Weise das blütenreiche Bild.

Solche Kränze benötigen keinen Akzentschmuck mehr. In der gleichmässigen, doch von den Farben und Formen her lebhaften Gestaltung des Kranzkörpers liegt das Schmückende. Die Werkstoffe ragen nicht über die Kranzform hinaus. hierdurch kommt diese - ein Symbol für immerwährendes Leben - besonders gut zur Geltung.

Gedenkkränze mit Kreuzsymbolik

Das Kreuz, das Zeichen des christlichen Glaubens, der Hoffnung, des Trostes und der Wiederauferstehung, findet in der schlichten Form kreuzweise gebündelter Weidenzweige seinen Ausdruck. Die Weide mit dem Kätzchenschmuck, ein überaus vitales Gehölz, unterstreicht dabei sinngebend die Symbolik. Im Zusammenspiel mit dem Kranz aus immergrünen Koniferenzweigen ist dies ein Gedenkschmuck, der aussagekräftiger und schlichter nicht sein könnte!

Die Vierteilung des Lebens - Säugling, Kind, Erwachsener, Greis -, die vier Jahreszeiten oder die vier Himmelsrichtungen.
Die Viertelkreise sind jeweils mit einem anderen Werkstoff aber im gleichen Mengenverhältnis umwikkelt, was diese Symbolik besonders eindrucksvoll widerspiegelt.
Zeitgemässe und dekorative Akzente bringen die Wicklungen mit dem derben Juteband.

Gedenkkränze vor dem Grab

Genaue Formgebung und exakte Technik sind absolute Voraussetzungen bei den beiden hier abgebildeten Gedenkkränzen. Gleich ob konzentrische Kreise oder dynamische Linienführung - die werkstoffbedingten Strukturkontraste bringen die spannungsreiche Abwechslung.
Für die aufrechte Präsentation kann sich der Florist sehr einfach und zeitgerecht einen Kranzständer aus jeweils drei Holzstangen selbst erstellen. In einem Fall werden drei Stecken zum Anlehngestell vor einem Grabstein, im anderen Fall durch Bündelung am oberen Ende zum freistehenden Kranzgestell auf dem Grab.

Der Kranz fürs Denkmal

Unteres kehrt sich nach oben. In diesem Fall bringt sich die stark behaarte Blattunterseite als schmückender Werkstoff ein. Die Magnolienblätter können entweder einzeln gehaftet oder aber gewickelt werden - ganz nach Vorliebe und handwerklich-technischem Können des Floristen! Es liegt auch im Belieben des jeweiligen Gestalters, ob die Blätter mit der markanten Mittelachse exakt konzentrisch über den Kranzkörper verlaufend angeordnet werden, oder aber - wie hier gezeigt - eher die freie Anordnung gewählt wird.

Ein gutes Beispiel für Farbentsprechung und gestalterische Harmonie ist der an einem Gedenkstein hängende Kranz. Zu der ruhigen Steinkulisse passt die stark strukturierte, rauh wirkende Oberfläche des Kranzkörpers aus Flechtenzweigen besonders schön. Das Kranzschleifenband akzentuiert dagegen ruhig und würdevoll.

Abschied
in
Dankbarkeit

Ideal
OASIS

Das Gesteck

Das Gesteck repräsentiert im besonderen Masse die herbstlich-winterliche Grabfloristik. Mit Beginn der Trauer- und Gedenktage im November werden sie zuhauf von den Blumengeschäften rund um den Friedhof angeboten. Doch gerade hier bedarf es der grössten Zuwendung des Floristen und Friedhofsgärtners, das zur gesichtslosen Massenware degradierte Floralteil mit neuen gestalterischen Akzenten zu aktualisieren.

Auch Floristik fürs Grab darf sich an zeitgeistlichen Veränderungen orientieren!

Die Steckunterlagen als technische Hilfsmittel leisten gute Dienste im Sinne einer wirtschaftlichen und handwerklich korrekten Arbeit.

Die Produktinnovationen der letzten Jahre erfüllen dabei ausserdem die auf vielen Friedhöfen geforderte Umweltfreundlichkeit.

Durch den Ersatz aller Kunststoffanteile mit organischen Materialien oder Recyclingstoffen ist eine Kompostierbarkeit und damit die Umweltunbedenklichkeit gegeben.

Darauf sollte der Florist seine Kunden auch immer wieder hinweisen.

Gesteck in Rautenform

Die richtige Technik ist Voraussetzung dafür, dass auch höher gearbeitete Gestecke dem Angriff von Windböen unbeschadet trotzen können. Kleiner Tip: Für eine gute Bodenhaftung und Gewichtsverstärkung wird der Steckschaumblock auf einen gleich grossen Ziegelstein gebunden. Damit der Wickeldraht dabei nicht den empfindlichen Steckschaum einschneidet, sollte der Block mit zwei entsprechend zurecht geschnittenen Zweigen "geschient" werden.

Gebündelte und zu einer Raute zusammengelegte Ginsterzweige bilden die besondere "Umkränzung" des flachen Rautengestecks. Verschiedene Zapfen- und winterliche Fruchtformen sind dabei die einzigen Werkstoffkomponenten. Doch sie geben dem Formteil die interessante Struktur. Besonders solche kleinen, "handlichen" Schmuckteile werden von den Friedhofsbesuchern gerne zu den Trauer- und Gedenktagen auf die Gräber gelegt.

Formteil mit Umkränzung

Ein handelsüblicher Grabgesteckhalter wird hier mit einem runden Werkstoffschmuck versehen. Die mit einer groben Kordel umwickelte Bündelung umschliesst kranzartig die Gestaltung. Das Gruppieren schafft trotz der Fülle an Werkstoffen einen klaren Ausdruck. Den gestalterischen Schwerpunkt bildet die Banksia. Spannungsvolle Optik bringen Oberflächenkontraste. Grobes steht neben Glattem, Grossflächiges neben Kleinteiligem. Mit dem Grün der frisch eingearbeiteten Floralien entsteht so ein Bild, das schmückende Akzente auf schlicht bepflanzten Gräbern und vor Denkmälern setzt.

Übrigens: Auch solche flachen Gesteckteile sollten auf der Grabfläche befestigt werden - nicht nur gegen den Angriff des Windes, sondern auch gegen den ungesetzlichen Zugriff manch unliebsamen Friedhofsbesuchers! Dies kann sehr einfach und doch wirksam durch einen angespitzten Splittstab geschehen, der zum Schluss durch das Formteil gesteckt und im Boden verankert wird. Zumindest den eiligen Dieb wird die Befestigung verblüffen und eventuell von seinem Vorhaben abhalten.

Grabgestecke auf alternativen Unterlagen

Interessantes Wurzelwerk oder ein Nest aus Rebenranken dient bei diesen Grabschmuckteilen als Unterlage. Damit ist keine starre geometrische Form vorgegeben. Vielmehr wird die Gesteckform erst durch die kreativ-gestalterische Hand des Floristen gebildet. Die Trockenfloralien werden in einen mit Moos umwickelten Steckschaumblock gesteckt, der auf der Unterlage mit Draht befestigt wird. Einige frischgrüne Koniferenzweige oder das dauerhafte Grün des Efeus unterstützen die interessante und lebhafte Farbgebung.

GesteckFriese vor Gedenkplatten

Für jahreszeitliche Floralakzente vor Gedenkplatten sind in den meisten Fällen Gestecke in länglicher Form notwendig. Zur unproblematischen und schnellen Erstellung bieten sich die handelsüblichen Steckunterlagen mit hölzerner Bodenplatte an. Diese werden, vor allem bei extrem langen Ausmassen, durch die beidseitige Einbindung von Holzstangen zusätzlich stabilisiert. Sichtbar und der Gestaltung eine zusätzliche Betonung gebend, verlaufen die Stangen parallel zur Gesteckform. Für die Umwicklung und Befestigung bietet das papierummantelte Rebenbindegarn seine hilfreichen Dienste an. Gestalterisch ist für die vorgesehenen Standorte die parallele Anordnung geradezu prädestiniert. Dabei sollte für eine spannungsreiche Gesamtwirkung die Aufteilung in Haupt-, Neben- und Gegengruppe Berücksichtigung finden. Diese drückt sich durch die mengenmässige Verdichtung des Werkstoffs, dessen Höhe, Wirkung oder Farbe aus.

Vom Füllhorn bis zur Ellipse

Wer sagt eigentlich, dass es nach den Gedenk- und Trauertagen auf dem Friedhof nicht farbig zugehen darf? Der leuchtende Blütenteppich des Frühjahrs könnte sich über die Sommerpflanzung bis in den Herbst und Winter hineinziehen! Farbenfrohe Fruchtformen und kontrastreiche Werkstoffkompositionen trotzen mit ihrer Leuchtkraft der trüben, morbiden Winterstimmung. Die weissblauen Glöckchen des Eukalyptus sind Vertreter einer fernen, tropischen Welt. Doch die orangeroten Lampions des Physalis stammen aus der heimischen Flora. Heubündelungen und die überlangen Schoten des Flammenbaums, auch als Leiterschoten bekannt, bringen die Betonung der Form. Immer bergen sie eine Steckbasis, aus der heraus die Frischwerkstoffe das spannungsreiche Spiel mit den Trockenfloralien auf sich nehmen.

Zeit Für Tränen
Zeit Für Tränen
Leben
Tod
Der Herr ist Friede

Der Strauß

Besonders bei Sträussen für die Gedenk- und Trauerfloristik kommt es auf eine gute handwerkliche Verarbeitung an. Die Werkstoffe sind oft verholzt, haben "schwere Köpfe", die eine gute Verankerung benötigen, und sie müssen eine lange Zeit ihre attraktive Wirkung auf dem Grab oder vor dem Gedenkstein erhalten. Die neuen, zeitgerechten Materialien, wie Kordeln, drahtverstärkte Papierbänder - auch als Rebengarn bekannt -, leisten dabei hilfreiche Dienste.

Auch Sträusse können mit einer Kranzschleife versehen werden, die einen Text tragen.

Je nach Plazierung auf dem Grab oder vor einem Gedenkstein wird die Schleife dann vom Strauss ausgehend attraktiv plaziert werden müssen.

Potpourri der Sträuße

Die Fülle der Exoten ist prädestiniert für eine haltbare Straussfloristik auf dem Grab oder zum Gedenken. Eine leichte farbliche Auffrischung unterstreicht das Markante der verholzten Floralformen. Im Zusammenspiel mit dem kräftigen Grün der Koniferen entstehen so ansprechende und attraktive Schmuckteile.

Auch wenn diese haltbaren Sträusse keine Wasserversorgung zur Frischerhaltung benötigen, sollten sie - ihrem Wesen entsprechend - in Gefässe eingestellt werden. Metallvasen oder -kästen, aber auch Keramiktöpfe passen zu den Werkstoffen mit dem eher rauhen Charakter. Verbleibt der Strauss auch in der frostgefährdeten Zeit im Freien, muss auf eine winterharte Keramik geachtet werden.

Sträuße fließend bis schlank-aufrecht

Die Möglichkeiten der Formvariationen sind beim Strauss enorm gross. Hier ist es ein Stehstrauss, der mit seiner strengen, dichten Form an einen Tannenzapfen erinnert. Der Zapfen spielt als Fruchtbarkeitssymbol, aber auch als das des immerwährendes Lebens, in der Trauermythologie eine traditionsreiche Rolle.
Im Strauss selbst finden eher Floralien Verwendung, die durch ihre klaren Linien dem stehenden Strauss den Ausdruck geben.

Ein Grabstrauss kann aber auch weich und fliessend mit lockerer, ungezwungener Form gebunden sein. Aus einem gesockelten Gefäss mit ruhenden bzw. lagernden Fruchtformen ergiesst er sich über den Rand. Die runden Formen lösen sich dabei zu Linien und Zartgliedrigem auf. Solch ein fliessender Strauss ist gut geeignet bei Grabmälern, die bereits eine fest verankerte Steinvase in Pokalform aufweisen.

Der Giebelstrauß

Eine schöne Entsprechung zu manchem klassischen Gedenkstein oder bei einem Mausoleum kann dieser Giebelstrauss sein. Er ist einer flachen Dachneigung nachempfunden, wie sie häufig bei diesen Gedenkbauten vergangener Jahrzehnte und Jahrhunderte zu finden ist.
Die zeitaktuelle Komponente erhält dieser Strauss durch die Bündelung der einzelnen Floralbestandteile. Die Bindestellen bleiben sichtbar und stehen im reizvollen Kontrast zur strengen Umrissform.
Das vasenähnliche Gefäss sollte zur besseren Standfestigkeit bei einer Plazierung vor einem Grab leicht im Erdreich versenkt werden.
Vor einem Gedenkstein kann eine unsichtbar angebrachte Drahtung dem Gefäss den sicheren Stand geben.

Zeitgerechte Liegesträuße

Alte Tradition ist es, Sträusse auch direkt auf dem Grab abzulegen. Dazu werden die Sträusse einseitig flach gearbeitet, damit sie sich dem Boden besser anschmiegen und optimal ihre schmückenden Floralbestandteile zur Wirkung bringen. Bei den hier gezeigten Sträussen ist es die markante Umrissform, die beachtet werden will. Die dreieckigen- oder pfeilartigen Liegesträusse haben entweder ein pyramidenartiges Grundgerüst aus Zweigen, das ihnen die Form gibt. Oder ihre binderische Erstellung erfolgt durch das geschichtete Anlegen der Werkstoffe, was handwerklich anspruchsvoller ist. Dabei werden zuerst die langstieligen Werkstoffe, später die kürzeren eingebunden.

Für eine Grabplatte mit einer ruhig wirkenden Oberfläche ist der runde Liegestrauss geeignet. Gesteck oder Strauss? Das mag man hier zurecht fragen. Doch die sichtbaren Bündelungen bzw. die kleinen "Sträusschen" mit den vielen Bindestellen legen fachlich die Werkform-Terminologie des "gebundenen Werkstückes" nahe. Sicher ist dies keine verbrauchergerechte Bezeichnung. Der Florist und Friedhofsgärtner sollte deshalb gegenüber dem Kunden vom "Strauss mit mehreren Bindestellen" sprechen.

Die Symbolform Kreuz

Keine Symbolform verbindet sich unmittelbarer mit Tod und Trauer als das Kreuz.
Als christliches Zeichen für den Glauben und den Tod mit der anschliessenden Auferstehung Jesu Christi fehlt es auf keinem Friedhof.
Oft wünscht der Friedhofsbesucher für den herbstlich-winterlichen Schmuck auf dem Grab eine Floristik in dieser Form. Hier bieten sich vielfältige Möglichkeiten der Erstellung an.
Es gibt sie vorgefertigt als Holzbasis mit einer Steckschaumauflage oder aus umweltfreundlichen Recyclingprodukten mit Kork, Pappmachée oder Holzspänen.
Der Florist erstellt sich auch freie Formen aus der kreuzweisen Bündelungen von Stangen, Zweigen oder anderem.

Formarbeit Kreuz

Keine Form drückt unmissverständlicher Trauer und Gedenken aus, als die des Kreuzes. Das Zeichen der christlichen Hoffnung, der Auferstehung und des Trostes als haltbares Floralteil gesteckt, schmückt in den letzten Jahren verstärkt die herbstlichen und winterlichen Gräber. Bei gleicher Grundform lässt die Wahl der Werkstoffe und ihre Anordnung Abwechslung und individuellen Ausdruck zu. Mit dauerhaften Fruchtformen im Wechsel zu Koniferengrün kann die geometrische Form des Kreuzes linienartig nachgezeichnet werden. Das lebhafte Miteinander mildert dabei die streng angelegte Musterung.

Ein Klassiker, der durch Würde und Klarheit besticht, ist das mit rieselfester Nobilis-Tanne besteckte Kreuz. Einen schönen Kontrast zu bewachsenen Grabflächen bildet wiederum das silbergraue, mit Rentiermoos besteckte Kreuz.

Die Palette der möglichen Schmuckoberflächen ist unbegrenzt. Durch neues Kombinieren von Formen und Farben ergeben sich immer wieder neue Strukturen und Texturen.

Kreuze zeitgerecht

FREIE TECHNIKEN LASSEN GERADE BEI DER TRADITIONELLEN SYMBOLFORM DES KREUZES INTERESSANTE SCHMUCKSTÜCKE ENTSTEHEN. DURCH DAS KREUZWEISE ANEINANDERLEGEN VERSCHIEDENER ZWEIGE UND DEREN SICHTBARE UMWICKLUNG MIT KORDELN, STRICKEN ODER FARBIGEN BÄNDERN SETZEN DIESE ZEITGERECHTEN INTERPRETEN AKTUELLE AKZENTE ZU GRABFORMEN VERGANGENER JAHRZEHNTE. FÜR EINEN FREIEN STAND AUF DEM GRAB SOLLTE MIT EINEM METALLSTAB ALS ZUSÄTZLICHE ACHSE EINE SICHERE VERANKERUNG IM BODEN GESCHAFFEN WERDEN.

Kreuz organisch

Die Kreuzform ist nicht an die starre, rechtwinklige Überlagerung des Querbalkens zur Hauptachse gebunden. Auch eine freie, fast organisch wirkende Form, die dennoch die Assoziation des Kreuzes unmittelbar nahelegt, kann eine zeitaktuelle Interpretation der Symbolform auf dem Friedhof sein. Selbsterstellte Strohwülste ersetzen dabei die industriell vorgefertigten Steckunterlagen. Die schuppige Struktur wird durch das flächige Auflegen der Galaxblätter erreicht, die gewickelt und mit Nadeln befestigt werden. Galax ist ein Laubblatt mit sehr langer Haltbarkeit. Im frischen Zustand auf die Strohoberfläche aufgebracht, trocknet es bald ein ohne seine schmückende dunkelgrüne bis rötlich-violette Färbung zu verlieren. Eine Kordel lässig um die so entstandene Kreuzform geschlungen, setzt zudem einen aktuellen Akzent, Würde und Ehrfurcht ausstrahlend.

CHRISTI

Eukalyptus-Kreuz

Eukalyptuszweige mit Früchten in Form der silbergrauen Glocken bilden hier das Kreuz. Die fruchtbehangenen Seitenäste werden dazu mit Draht an den Hauptzweig umwunden und die beiden Achsen kreuzweise ineinander verschlungen. Verdichtung in Gegenüberstellung zu Freiräumen, die Ballung der Fruchtstände im Wechselspiel der Äste - das schafft einen Charakter, der nur diesem Eukalyptuskreuz eigen ist.

ERDINAN NEUBER
GENERALL UTNANT a.D.
b. 8. Dez. 1851

Das gesteckte Herz

Persönlicher kann Gedenken kaum ausgedrückt werden als mit einem besteckten Herz. Besonders zu Tagen, an denen sich individuelle Daten jähren, wie der Geburtstag, Hochzeitstage o.Ä., wird liebevolles Gedenken und persönlicher Schmerz über den Verlust eines Menschen gerne durch ein herzförmiges Gesteck gezeigt.
Florales vermag hier das widerzuspiegeln, was auch nicht mehr mit tausend Worten gesagt werden kann. Durch die Wahl der Werkstoffe, ihre Farbzusammenstellungen und über die Anmutung des floralen Schmuckteiles kann mehr als deutlich herzliche Verbundenheit auch über den Tod hinaus zum Ausdruck gebracht werden. Dabei muss es nicht immer nur das Rosenherz sein! Auch haltbare Trockenblüten oder weiche Moospolster können die persönliche Botschaft in der blütenarmen Jahreszeit sein!

Herzensangelegenheit

Das Herz auf dem Herz. Die Anordnung der Zapfen folgt der äusseren Umrissform. Eine konsequente Gestaltung, die durch die Umspielung mit Sisalfasern eine leichte, fast spielerische Anmutung erhält.

Fast eine blumige Ausstrahlung erhält das dauerhafte Herz durch die gebleichten Zapfen und den Beerenschmuck. Der Blütenflor zieht sich damit bis in die winterliche Jahreszeit fort.

Ein kleines Herz besteckt mit roten Beeren ruht auf dem Moosherz. Der Kontrast der Komplementärfarben und die unterschiedlichen Texturen der Floralien verleihen dem Gesteck seinen besonderen Charme. Übrigens: Die Ilexbeeren sind mit Stecknadeln auf ein Moosherz gesteckt.

Herz - mal anders

Ein ganz persönliches Herz, das zu besonderen Tagen mit einem kleinen Sträusschen vorgetriebener Duftveilchen geschmückt wird. Der unkonventionelle Umgang mit Kordel und dem schwarzen Trauerflor wird sicher auch jüngeren Friedhofsbesuchern zusagen.

Hier muss man schon ganz genau hinsehen, will man die verschiedenen Herzen ausmachen. Übereinander, miteinander, durcheinander. Herzen aus Draht-gereihten Früchten, herzige Schlingungen und Wicklungen. Eine durchweg liebevolle Angelegenheit, die auf dem Blütenteppich aus getrockneten Hortensien ruht!

Winterliche Kissen-gestaltungen

Das friedlich Ruhende mag es symbolisieren: Das Kissen. Vielleicht ist darauf seine Beliebtheit als herbstlich-winterliche Schmuckform für Grab und Gedenken gegründet. Ob rautenförmig, quadratisch, mit geschwungenen Kanten oder rund zulaufend. Das Formenspiel des stets viereckigen Gesteckes ist vielfältig. Je nach Herstellung der vorgefertigten Steckunterlagen und deren Materialien kann der Florist und Kunde auch zwischen verschiedenen Grössen wählen. Meistens werden diese Kissen mit unterschiedlichen Moosarten besteckt. Doch es gibt auch eine Fülle anderer Gestaltungsmöglichkeiten, die dem Kissengesteck neuen Ausdruck geben.

RautenvielFalt

Allen abgebildeten Gesteckformen liegen rautenförmige Unterlagen zugrunde. Je kleinteiliger das Steckmaterial ist und je exakter der gestaltende Florist sich an die damit vorgegebene Form hält, desto deutlicher bleibt der Umriss erhalten. Vom Floristen gefertigte Symbolformen, wie zum Beispiel das Kreuz, setzen dabei markante Akzente. Abweichend von diesen Formarbeiten kann durch spiralig umlegte Fasern, Ranken und Zweige die Form aufgeweicht werden, bis sie sich nahezu nestartig darstellt.

Sternraute

Wie ein vierstrahliger Stern wirkt die Raute mit den überlangen Ecken. Durch die seitliche Fortführung der Kanten über den Eckpunkt hinaus, erhält die Raute ihre besondere Ausstrahlung. Grundlage sind wieder die handelsüblichen Steckunter-

lagen, die durch seitliches Schienen und Abwickeln der strahlig ausgebauten Ecken ihre Individualität erhalten. Bewusste Asymmetrie unterstützt dabei die ausgefallene Form, die die Kreativität des Floristen widerspiegelt.

Solche Schmuckteile sind wahrlich konkurrenzlos. Man wird sie nicht im branchenfremden Handel bekommen. Hierfür ist handwerkliches Geschick und fachliche Kompetenz vonnöten, die nur der Florist bieten kann!

Besonderer Trauerschmuck

Durch neue Werkformkreationen das schon totgeglaubte Geschäft mit der Trauer- und Gedenkfloristik zu beleben, ist die grosse Herausforderung an den Floristen.
Denn das können andere nicht leisten: Produktinnovation bei den floralen Schmuckteilen rund um Tod und Friedhof. Hier ist Individualität gefragt, intensive Beschäftigung mit dem Einzelobjekt, das sich dadurch deutlich von den in grösseren Mengen produzierten Grabschmuckteilen abhebt. Natürlich hat Ausgefallenes auch einen besonderen Preis! Doch der Kunde, der auf der Suche nach einer eigenen Aussage ist, wird dies respektieren!

Pyramide

Mancher Friedhofsbesucher verlangt in der Weihnachtszeit auch einen entsprechenden Schmuck für das Grab. Der pyramidenartig besteckte Eisenpokal mit Misteln und anderen winterlichen Früchten mag hier die passende Floralform sein. Die Vasen sind besonders bei grossen Familiengruften häufig als Bestandteil der Gedenkbauten integriert, so dass das Florale in die Gefässe nur noch eingestellt werden muss.

Obelisk

Ursprünglich galt der Obelisk als ein ägyptisches Fruchtbarkeits- und Sonnensymbol. Diesen vierkantigen, steinernen Pfeilern, die sich nach oben hin verjüngen und in einer pyramidenförmigen Spitze enden, ist dieser Floral-Obelisk nachempfunden. Steckschaum bildet den Unterbau, der mit Moosen und anderen Naturmaterialien schichtartig besteckt ist. Ein ungewöhnliches Schmuckteil, das einer Trauerhalle, einem Mausoleum oder aber auch einem Grab den besonderen Ausdruck geben kann.

Girlandenschmuck

Ob eine steinerne Urne auf einem Grabmal oder ein Grabstein mit entsprechender Verzierung - ein Girlandenschmuck kann die besondere Unterstreichung eines Grabbestandteiles sein. Dazu werden verschiedene dauerhafte Floralien auf eine flexible Unterlage gewickelt oder gebunden, so dass sich diese Formbinderei überall anschmiegen kann. Dies kann ein Band, ein Draht oder ein Seil sein. Besonders attraktiv sind die lockig aufgerollten Blütenstände der Palmyrapalme. Dadurch, dass man sie im Frischzustand der Länge nach halbiert, rollen sie sich zu den attraktiven Dauerfloralformen auf. Aber auch Flechtbänder bilden zwischen Fruchtkolben und unterschiedlichen Koniferenzweigen interessante Schmuckbestandteile, die ins Auge fallen.

Grabdecke

Aus der Trauerfloristik ist die sogenannte "Grabdecke" bekannt. Der Sarg wird für die Zeit der Aufbahrung und Trauerfeier mit einer Blütendecke bedeckt. Diese Symbolik des Bedeckens und Beschützens kann auch mit dauerhafter Floristik für den Grabschmuck weitergeführt werden. Schlichte Grabsteine, die aufgrund ihrer kantigen, klaren Form wenig Schmückendes von sich aus bieten, sind gut geeignet, um mit einer dauerhaften Grabdecke geschmückt zu werden. Auf ein Sisalnetz gearbeitet, schmiegt sie sich dem Stein an. Die Grabdecke bietet damit eine schöne Entsprechung zur winterlichen Komplettabdeckung der Grabfläche mit Reisig, Tannengrün oder Moos.

Floralkugel

Schutz und Geborgenheit - Aspekte, die in der Zeit der Trauer und des Gedenkens an einen Menschen eine wichtige Rolle spielen. Ausdruck einer innigen Verbundenheit, die auch über den Tod hinaus Bestand hat, ist die Kugel. In sich gekehrt und das tiefe Innere schützend vor dem Blick anderer bergend, ist sie Symbol für den Schatz, zu dem Liebe und menschliches Miteinander reifen kann. Wer dies auch durch seinen Grabschmuck zum Ausdruck bringen möchte, kann es sehr eindrucksvoll mit einer Floralkugel darstellen. Aus dem verholzten Blütenblatt der Palmen gestaltet, ist dies eine Werkform, die aufgrund ihrer Besonderheit für Beachtung sorgt.

Floralkugel natürlich

Gestaltung der Natur oder natürliche Gestaltung? Die Frage, wer hier der kreative Gestalter war, ist berechtigt. Vielleicht mag die farblich gekonnte Komposition der wenigen Trockenfloralien Hinweis darauf sein, dass die Natur zwar Modell stand, doch die gestaltende Hand des Floristen am Werk war. Einige grüne Grashalme und zwei leuchtende Lampions der Physalis setzen Akzente in dem lockeren Geknäul aus Flechtenzweigen und Trockenranken. Kleiner Tip, der auch dem Kunden mit auf den Weg gegeben werden sollte: Damit die Floralkugel nicht zum Spielball für den Wind wird, sollte dieses besondere Schmuckteil unsichtbar mit einer Kordel auf der Grabplatte fixiert oder innen durch einen Stein beschwert werden.

Floralboot

Wie ein Schiff, das sicher durch Sturm und Welle den Hafen findet, ist dieses Schmuckteil für eine Gedenkstätte gestaltet. Knorrige Zweige, die die äussere Form bilden, sind ineinander verschlungen und an Schnittstellen miteinander verknotet. Die eingewobenen Beeren, reifen Fruchtformen und grünen Zweige setzen dekorative Akzente in dem ungewöhnlichen Floralschmuck.

Stabstrauß im Ständer

Extravagant und ausgefallen ist der Stabstrauss. Zur Zierde einer grossen Grabplatte in einer Trauerhalle, in Kapellen oder Gruften, in Grabkammern oder einem Mausoleum sollte er aufrecht in einem entsprechenden Ständer präsentiert werden. Der Begriff "Strauss" ist deshalb richtig, weil die auf einem Stengel sitzenden Früchte des südafrikanischen Leucadendrons straussartig gebunden werden, bevor sie zur Stengelverlängerung auf einem kordelumwickelten Holzstab fixiert werden.

Stabstrauß-Reihung

Die extreme Form des Stehstrausses stellt in einer Mehrfachpräsentation einen markanten Schmuck dar. Besonders in Grabfeldern, in denen sich keine gärtnerisch gestalteten Grabflächen finden, sondern vielmehr Grasflächen und die Monotonie der Grabsteine Verlassen- und Vergessenheit eindrucksvoll widerspiegeln, mögen die stabähnlichen Straussgestaltungen ein floristischer Fingerzeig sein. Ihre diffizile Ausgestaltung im Gegensatz zum schlichten Drumherum, ihre Farb- und Formenkontraste zum monotonen Umfeld, sowie die Höhenstaffelung ist ein Blickfang, der zum Nachdenken anregt.

Herbstlich-winterliche Pflanzungen

Auch das lebende Grün gehört zum haltbaren Herbst- oder Winterschmuck. In Schalen zusammen gepflanzt, ergibt sich so ein abwechslungsreiches Bild, das - in der Floristenwerkstatt oder in der Gärtnerei vorgefertigt - anschliessend aufs Grab gestellt werden kann. Gehölze, wie Koniferen oder wintergrüne Laubarten bilden dabei die dauerhafte Grundbepflanzung. Jahreszeitlich abgestimmt können saisonale Blüher oder durch ihr farbiges Laub- oder Holzkleid zierende Pflanzen hinzugefügt werden. Wichtig ist nur, dass die Pflanzen eine gewisse Kältetoleranz aufweisen, um nicht gleich den ersten Nachtfrösten im November zu erliegen. Heide, Winterchrysanthemen, Christrosen, aber auch die durch ihren Habitus zierenden Senecio, Kleinkoniferen oder Winterstauden, sind prädestiniert für eine Schalenbepflanzung auf dem Grab. Bei der Wahl der Schalen sollte auf ihre Frostfestigkeit und ausreichendes Volumen für die aufzunehmenden Wurzelballen geachtet werden.

Heide-pflanzschale

Wie ein Nest scheint die Schale in diesem Fall die Heide und den frischgrünen Efeu zu umfassen. Die Pflanzen sind ringartig angeordnet und wirken durch die zusätzliche radiale Betonung durch die Proteenblüten wie eine floristische Formarbeit. Das dunkelviolett-changierende Kranzband wird um die herausragenden Achsen geflochten.

Pflanzschale mit Zeder

Eine grosse Grabfläche kann ganzjährig mit einer bepflanzten Terrakottaschale geschmückt werden. Die Zeder ist hier das dominierende Gehölz, das zum Herbst hin mit Chrysanthemen unterpflanzt wird. Im Frühjahr werden dann die im Herbst gesetzten Zwiebelblumen treiben und den leuchtenden Frühlingsflor bringen. Solche hochwertigen Schalen sind ein idealer Schmuck für Gräber mit Plattenabdeckung oder Kiesbelag. Ihre Langlebigkeit rechtfertigt den höheren Preis.

Floral geschmückte Chrysantheme

Eine Umschlingung aus Trockenfloralien gibt dieser Chrysanthemenpflanzung die floristische Aufwertung. Für den exakten Halt der Floralmanschette sorgen Zweige, die im Topfballen verankert sind. So kann der Wind nichts aus der Facon bringen!

Dieser Chrysanthementopf ist eine schlichte doch blütenreiche Alternative zu aufwendigen Schalenbepflanzungen. Er sollte viel häufiger auf den Gräbern zu finden sein!

Wintergrüne Gehölz-Schale

Wenn Blumen und Blätter im Herbst verblüht und abgefallen sind, mag winterliches Grün ein kleiner Hoffnungsspender auf dem kargen Friedhof sein. Kleinkoniferen und nicht Laub abwerfende Gehölze sollten deshalb besondere Berücksichtigung bei den herbstlich-winterlichen Schalenbepflanzungen finden. Hier ist es der Buchsbaum, der gelbgrüne Euonymus, die langsamwachsende Bergkiefer, der pfeilblättrige Efeu und der dunkelviolette Günsel. Pflanzen, die in ihrer Kombination ein harmonisches und dauergrünes Miteinander eingehen!

Ein ganzjähriges Schmuckstück, das durch saisonale Wechselbepflanzung sich immer wieder anders präsentiert!

Christrosen-Schale

Zu besonderen Feiertagen in den Wintermonaten kann das Grab mit einer Christrosenschale geschmückt werden. Die heimischen Winterblüher in ihrer Reinheit und Klarheit drücken besonders schön die Verbundenheit und das Gedenken an den Verstorbenen aus. Sie blühen lange, sollten aber nach der Blüte durch andere Blütenpflanzen ersetzt werden.

Schale mit Mooskranz

Eine interessante Verbindung von Pflanzung und Kranz stellt diese Schalengestaltung dar. Ein Moosring umschliesst die spannungsvoll zusammengestellten Pflanzen. Eine Komposition, die nicht zuletzt aufgrund der silbrig-grauen Pflanzen dem Grab einen würdigen und zeitgemässen Akzent gibt. Trotz der Zusammenstellung von Pflanzen mit Trockenfloralien ist dies ein pflegeleichtes Arrangement. Die Pflanzbasis bildet eine Torfpress-Schale, die zusammen mit den Pflanzen später dem Friedhofskompost zugeführt werden kann.

Heide-Pflanzschalen

Heide ist zurecht ein beliebtes Blütengehölz auf dem Friedhof. Aufgrund ihrer Kleinwüchsigkeit aber auch der Leuchtkraft ihrer Blütenzweige eignet sie sich besonders gut für Schalenbepflanzungen. Im Zusammenspiel mit anderem entstehen so Kompositionen, die durch reizvolle Farbenspiele schmücken. Ob mit grossen dauerhaften Fruchtformen, wie den Bellcups aus Südafrika, mit heimischen Kleinkoniferen oder mit symbolträchtigen, vom Floristen erstellten Floralteilen. Immer ist die Heide ein brillierender Partner im kreativen Schalenallerlei.

Übrigens: Für die preiswerte Komponente solcher Schalenpflanzungen reicht es, statt kompletter Kleinkoniferen nur einige Zweige einzustecken. Im Winter haben sie eine lange Haltbarkeit und einen guten Schmuckwert. Im Frühjahr werden sie gegen die Frühjahrsblüher ausgetauscht.

SEITE 10 OBEN
CLADONIA STELLARIS, CONVOLVULUS ARVENSIS, HANF GEBLEICHT, PLATTENMOOS, KORDELN, STROHRÖMER, PATENTHAFTEN, "EFEUNADELN". TECHNIK: GEHAFTET.

SEITE 10 UNTEN
HYDRANGEA MACROPHYLLA, MALUS-ZWEIG, PLATTENMOOS, BAND, KORDEL, STROHRÖMER, "EFEUNADELN", PATENTHAFTEN.
TECHNIK: GEHAFTET.

SEITE 11
CLADONIA STELLARIS, GAROU, VACCINIUM MYRTILLIS, KRANZBAND, BROKATBAND, STROHRÖMER, HAFTEN, WICKELDRAHT.
TECHNIK: MISCHTECHNIK GEHAFTET UND GEWICKELT.

SEITE 12 OBEN
CARLINA CORYMBOSA=GOLDDISTEL, CHAMAECYPARIS LAWSONIANA, CYRTOMIUM FALCATUM, LENZITES ELEGANS=BAUMSCHWAMM, LEUCADENDRON STRICTUM-ZAPFEN, METROXYLON SAGU=CANNELLA NATUR, PASSIFLORA-RANKE TROCKEN, PINUS MUGO, PLATTENMOOS, TAXUS BACCATA, VACCINIUM MYRTILLIS, XANTHORRHOEA AUSTRALIS=GRASBAUM, BIOLIT-KRANZUNTERLAGE. TECHNIK: GESTECKT.

SEITE 12 UNTEN
HEDERA HELIX, LENZITES ELEGANS=BAUMSCHWAMM, PINUS STROBUS, TAXUS BACCATA, FLECHTENZWEIGE, ZAPFEN, STROHRÖMER, HAFTEN. TECHNIK: GEHAFTET UND GESTECKT.

SEITE 13
BORASSUS FLABILLIFER=PALM MALE, BUXUS SEMPERVIRENS, CHAMAECYPARIS LAWSONIANA GELBGRÜN, CHAMAECYPARIS LAWSONIANA ´WISSELII´, CLADONIA STELLARIS, EUPHORBIA POLYCHROMA, FLECHTENZWEIG, GALAX URCEOLATA, GLEICHENIA MICROPHYLLA, HEDERA HELIX, ILEX AQUIFOLIUM, LENZITES ELEGANS=BAUMSCHWAMM, MUSA TEXTILIS=BANANENHOLZ, NELUMBO NUCIFERA=LOTOS, PLATTENMOOS, TAXUS BACCATA, MOOSRING-KRANZUNTERLAGE (SPAGHNUMMOOS AUF WEIDENREIF),
TECHNIK: GESTECKT.

SEITE 14
ABIES PROCERA ´GLAUCA´=NOBILIS, CALOCEPHALUS BROWNII, ERICA GRACILIS, EUCALYPTUS GUNNII, ILEX AQUIFOLIUM GELB-GRÜN, LEUCADENDRON SABULOSUM GEFÄRBT, LEUCOSPERMUM CORDIFOLIUM, PROTEA GRANDICEPS, BIOLINE-KRANZUNTERLAGE,
TECHNIK: GESTECKT.

SEITE 15
BANKSIA, BRUNIA ALBIFLORA, CHAMAECYPARIS OBTUSA ´NANA GRACILIS´, COCOS NUCIFERA, HECHTIA ARGENTEA, ILEX AQUIFOLIUM, LENZITES ELEGANS=BAUMSCHWAMM, LEUCADENDRON SABULOSUM, METROXYLON SAGU=CANNELLA NATUR, PAPAVER, PINUS MUGO, BIOLINE-UNTERLAGE, TECHNIK: GESTECKT.

SEITE 16
ABIES PROCERA ´GLAUCA´=NOBILIS, CHAMAEROPS HUMILIS, SALIX CAPREA, STROHUNTERLAGE, KRANZSCHLEIFENBAND,
TECHNIK: GEWICKELT.

SEITE 17
CHAMAECYPARIS LAWSONIANA ´WISSELII´, LAPPENMOOS, PLATTENMOOS, SALIX CAPREA, TAXUS BACCATA, SEIL, STROHUNTERLAGE, WICKELDRAHT, HAFTEN, TECHNIK: GEWICKELT, GEHAFTET.

SEITE 18
BUXUS SEMPERVIRENS, CHAMAECYPARIS LAWSONIANA, CLADONIA STELLARIS, CRYPTOMERIA JAPONICA, EUCALYPTUS-FRÜCHTE, GRAS, HANF, JUNIPERUS VIRGINIANA, LAGENOCARPUS RIGIDUS=TIRIRICA, METROXYLON SAGU=CANNELLA NATUR, MUSA TEXTILIS, PLATTENMOOS, SALIX CAPREA, BRAHEA DULCIS=SCHLANGENHOLZ, TAXUS BACCATA, THUJA OCCIDENTALIS, STROHUNTERLAGE, HAFTEN,
TECHNIK: GEHAFTET.

SEITE 19
CARLINA CORYMBOSA=GOLDDISTEL, CHAMAECYPARIS LAWSONIANA, EUCALYPTUS-FRÜCHTE, CLADONIA STELLARIS, PLATTENMOOS, TAXUS BACCATA, BAND, KORDELN, STROHUNTERLAGE, HAFTEN,
TECHNIK: GEHAFTET.

SEITE 20
CALOCEPHALUS BROWNII, FLECHTE, LAGENOCARPUS RIGIDUS=TIRIRICA, LEUCADENDRON PLATYSPERMUM, MAGNOLIA GRANDIFLORA, MALUS-ZWEIG, OLDENBURGIA ARBUSCULA=OLDENBURGIA, PHOENIX DACTYLIFERA=DATTELZWEIG, PTERYGOTA ALATA=BUDDHA-NUSS, TAXUS BACCATA, STROHUNTERLAGE, PATENTHAFTEN ODER WICKELDRAHT, TECHNIK: GEHAFTET ODER GEWICKELT.

SEITE 21
BEMOOSTE ZWEIGE MIT FLECHTEN, PINUS STROBUS, KRANZSCHLEIFENBAND, STROHUNTERLAGE, WICKELDRAHT,
TECHNIK: GEWICKELT.

SEITE 22/23
STECKSCHAUMBLOCK AUF BACKSTEIN, MOOSPOLSTER, REBENUNTERLAGE, GESTECKHALTER, KNORREN, WURZELN.

SEITE 24
ABIES NORDMANNIANA, BANKSIA HOOKERIANA, CHAMAECYPARIS LAWSONIANA, DRYANDRA POLYCEPHALA=DRYANDRA GOLD, LENZITES ELEGANS=BAUMSCHWAMM, LEUCADENDRONZAPFEN, METROXYLON SAGU=CANNELLA NATUR, PALMSCHOTEN, PINUSZAPFEN, SALIX SACHALINENSIS ´SECCA´=GEWEIHHOLZ, TAXUS BACCATA, STECKSCHAUMBLOCK, WICKELDRAHT, HOLZSCHIENEN, BACKSTEIN, JUTE-GITTERBAND, TECHNIK: GESTECKT.

SEITE 25
ADANSONIA DIGITATA=MADEIRAKRONE, BANKSIA MARCESCENS, CARLINA CORYMBOSA=GOLDDISTEL, CHAMAECYPARIS LAWSONIANA, DRYANDRA POLYCEPHALA=DRYANDRA GOLD, GEÄST, HELICONIA LATHISPATHA, LEUCADENDRONZAPFEN, METROXYLON SAGU=CANNELLA NATUR, MUSA TEXTILIS=BANANENHOLZ, PINUSZAPFEN, PLATTENMOOS, PROTEA NERIIFOLIA, TAXUS BACCATA, GESTECKUNTERLAGE, TECHNIK: GESTECKT.

SEITE 27
BANKSIA HOOKERIANA DUNKELROT, BORASSUS FLABELLIFER-FRUCHT=

Talami, Cytisus scoparius, Exoten-Kollektion altrosa, Heliconia lathispatha, Lunaria annua, Pinus-Zapfen, Taxus baccata, Flachskordel, Moosballen-Unterlage, Technik: gesteckt.

Seite 28 oben

Alpinia allughas=Schwarzbeeren, Chamaecyparis lawsoniana, Dryandra polycephala=Dryandra Gold, Lenzites elegans=Baumschwamm, Leucadendron platyspermum, Metroxylon sagu=Cannella natur, Picea-Zapfen, Pinus nigra, Protea neriifolia, Taxus baccata, Unterlage: Wurzeln, Steckschaum, Technik: gesteckt.

Seite 28 unten

Banksia hookeriana natur, Buxus sempervirens, Calocephalus brownii, Eucalyptus cinerea, Farn getrocknet, Lenzites elegans=Baumschwamm, Leucadendron-Zapfen, Leucadendron grandiflorum, Pinus nigra, Salix sachalinensis ´Secca´=Geweihholz, Taxus baccata, Unterlage: vorgefertigte Rebenranken, Steckblock, Technik: gesteckt.

Seite 29

Banksia hookeriana natur, Borassus flabellifer-Frucht=Talami, Calocephalus brownii, Cyrtomium falcatum, Dryandra polycephala=Dryandra Braun, Farn getrocknet, Hedera helix, Heliconia lathispatha, Metroxylon sagu=Cannella natur, Pinus-Zapfen, Protea neriifolia, Unterlage: Rebenunterlage, Steckbasis, Technik: gesteckt.

Seite 30

Buxus sempervirens, Calluna vulgaris, Galax urceolata, Chamaecyparis obtusa ´Nana Gracilis´, Gaultheria procumbens, Mahonia bealii, Mimosa dealbata, Pterygota alata=Buddha-Nuss, Spiraea cinerea ´Grefsheim´, Gesteckunterlage, Technik: gesteckt.

Seite 31

Banksia hookeriana natur, Calocephalus brownii, Chamaecyparis pisifera ´Filifera Nana´, Cornus alba, Lagenocarpus rigidus=Tiririca maigrün, Lenzites elegans=Baumschwamm, Lunaria annua, Magnolia grandiflora, Oldenburgia arbuscula=Oldenburgia, Protea ´Susanne´ rosa, Vaccinium myrtillis, Rebenbindegarn, Bohnenstangen, Unterlage: Basis von Bioline-Sargauflage, Technik: gesteckt.

Seite 32

Heu, Juniperus communis, Lagenocarpus rigidus=Tiririca maigrün, Lunaria annua, Physalis alkekengi, Xerophyllum asphodeloides=Beargras gebleicht, Band, Draht, Gesteckunterlage, Technik: gesteckt.

Seite 33

Brunia albiflora, Cryptomeria japonica ´Cristata´, Delonix regia=Leiterschoten, Eucalyptus gunnii, Genista lydia, Juteband, Fransenkante, Rebenbindegarn, Unterlage: Sargauflage mit Holzbasis, Technik: gesteckt.

Seite 36/37

Abies nordmanniana, Alpinia allughas=Schwarzbeeren, Banksia hookeriana, Buxus sempervirens, Cocos nucifera=Kokosfaser, Dryandra polycephala=Dryandra Gold, Eucalyptus gunnii, Lagenocarpus rigidus=Tiririca maigrün, Lenzites elegans=Baumschwamm, Leucadendron-Zapfen, Lunaria annua, Metroxylon sagu=Cannella natur orange, Pinus-Zweige und -Zapfen, Taxus baccata, Band, Gefässe, Töpfe, Technik: gebunden.

Seite 38

Alpinia allughas=Schwarzbeeren, Calocephalus brownii, Cornus alba ´Sibirica´, Phoenix dactylifera=Datteltraube, Genista lydia, Limonium latifolium, Lunaria annua, Musa textilis=Bananenholz, Band, Rebenbindegarn, Technik: gewunden, gebunden.

Seite 39

Aegle marmelos=Bell Cup natur, Convolvulus arvensis, Agave, Banksia speciosa, Miscanthus sinensis trocken, Musa textilis=Bananenholz, Polygonum-Ranken, Protea grandiceps=Protea Aurora, Gefäss, Rebenbindegarn, Technik: gebunden.

Seite 41

Chamaecyparis lawsoniana, Protea repens, Gras gebleicht, Gefäss Terrakotta, Holzrinde, Rebenbindegarn, Salix alba ssp. virtellina, Technik: gebunden, gebündelt.

Seite 42 oben

Abies nordmanniana, Buxus sempervirens, Calocephalus brownii, Cocosfaser, Cryptomium falcatum, Eucalyptus gunnii, Genista lydia, Gleichenia microphylla, Hedera helix, Metroxylon sagu=Cannella natur, Pinus strobus, Protea rosa, Band, Kordel, Flachsband.

Seite 42 unten

Abies nordmanniana, Alpinia allughas=Schwarzbeeren, Buxus sempervirens, Chamaecyparis lawsoniana, Cornus stolonifera ´Flaviramea´, Cytisus scoparius, Eucalyptus gunnii, Gleichenia microphylla, Heliconia lathispatha, Lagenocarpus rigidus=Tiririca maigrün, Lenzites elegans=Baumschwamm, Metroxylon sagu=Cannella natur, Pinus nigra, Protea neriifolia, Rebenbindegarn, Technik: gebunden.

Seite 43

Agave, Cryptomeria japonica, Cytisus scoparius, Heliconia lathispatha, Leucadendron-Blüten, Tulipa-Fruchtstände, Weidenbündelung, Leinenkordel.

Seite 44/45

Kreuzunterlagen.

Seite 46 links

Asparagus retrofractus, Entandrophragma cylindricum=Wildlilie natur, Eucalyptus calophylla=Bell Gum, Lunaria annua, Papaver rhoeas gebleicht, Strictum-Zweig, Taxus baccata, Thuja occidentalis, Kreuzunterlage, Technik: gesteckt.

Seite 46 rechts

Abies procera ´Glauca´=Nobilis, Brunia nodiflora, Chamaerops humilis, Cladonia stellaris=Islandmoos, Garou, Leucadendron platyspermum, Kreuzunterlage, Technik: gesteckt.

Seite 47

Cryptomeria japonica, Eukalyptus gunnii, Cladonia stellaris, Leucadendron platyspermum, Vaccinium myrtillis, Kreuz-Korkunterlage, Patenthaften, Technik: gehaftet.

Seite 48

Exoten-Kollektion, Leucadendron daphnoides=Grandiflorum mit Pelz, Leucadendron nervosum=Nervosum rot, Salix sachalinensis ´Secca´=Geweihholz, Jutekordel orange, Musa textilis=Bananenholz, Rebenbindegarn orange, Zwirn, Technik: gewunden.

Seite 49

Cocos nucifera=Nussblütenstab natur, Cryptomeria japonica, Wisteria sinensis-Ranken, Metallstab, Rebenbindegarn, Technik: gewunden.

Seite 51

Convolvulus arvensis, Galax urceolata, Metasequoia glyptostroboides, Heu- oder Strohwülste, Holzscheibe, Kordel, Nadeln, Myrthendraht, Technik: genadelt, gewickelt.

Seite 53

Eucalyptus gunnii, Wickeldraht, Technik: gewunden.

Seite 54

Werk-/Deko-Tisch, Unterlagen aus Kork und Steckschaum, Heu- und Moosherz, Kordeln, Jute-Gitterband, Trauerflor.

Seite 56 oben

Asparagus retrofractus, Carlina corymbosa=Golddistel, Chamaecyparis obtusa ´Nana Gracilis´, Hanf gebleicht, Limonium ferulaceum ´Karel de Groot´, Lunaria annua, Plattenmoos, Protea grandiceps, Strictumzweig, Band, Herzunterlage, Technik: gesteckt.

Seite 56 unten

Acacia dealbata, Brunia nodiflora, Buxus sempervirens, Chamaecyparis obtusa ´Nana Gracilis´, Chamelaucium uncinatum, Eucalyptus gunnii, Ilex aquifolium, Leucadendron daphnoides=Grandiflorum mit Pelz, Lunaria annua, Papaver rhoeas gebleicht, Plattenmoos, Strictumzweig, Taxus baccata, Herzunterlage, Technik: gesteckt.

Seite 57

Nach Arbeitsschritten: 1. Plattenmoos, Herzunterlage, Efeunadeln. 2. Ilex aquifolium-Beeren, Stecknadeln, Herzunterlage. 3. Lunaria annua, Myrthendraht, Kordeln. Technik: gehaftet, gesteckt, gewunden.

Seite 58

Chamaecyparis lawsoniana ´Wisselii´, Hydrangea macrophylla, Herzunterlage, Band, Technik: gesteckt. Viola odorata.

Seite 59

Hydrangea macrophylla, Limonium ferulaceum ´Karel de Groot´, Preiselbeere, Salix caprea, Thuja occidentalis, Bast natur und grün, Herzunterlage, Technik: gesteckt.

Seite 60/61

Cladonia stellaris, Lappenmoos, Plattenmoos, Kissenunterlage aus Kork und anderen Materialien.

Seite 62 oben

Carlina corymbosa=Golddistel, Eucalyptus calophylla=Bell Gum, Hedera helix, Ilex aquifolium, Lunaria annua, Preiselbeere, Rauten-Unterlage, Stecknadeln, Haften, Technik: gesteckt.

Seite 62 unten

Alpinia allughas=Schwarzbeeren, Chamaecyparis lawsoniana ´Wisselii´, Hanf gebleicht, Hedera helix, Cladonia stellaris, Leucadendron muirii=Muri, Kissen-Unterlage, Holzkreuz aus Schwemmholz, Haften, Technik: gehaftet.

Seite 63

Borassus flabellifer=Palm male special, Carlina acaulis=Silberdistel, Chamaecyparis obtusa ´Nana Gracilis´, Clematis vitalba, Hanf gebleicht, Hedera helix, Hydrangea macrophylla, Physalis alkekengi, Protea grandiceps, Rosa-Hybride, Wurzelgeflecht, Rebenbindegarn, Golddraht, Rauten-Unterlage, Technik: gesteckt, geschlungen.

Seite 65

Borassus flabellifer=Palm male special, Clematis vitalba-Ranken, Eucalyptus calophylla, Flechtenzweige, Lappenmoos, Viburnum rhytidophyllum, Kissen-Unterlage aus Kork, Baumwollfaden hellgrün, Technik: gewunden, umwunden, gewickelt.

Seite 66/67

Steckschaumformen und Jutenetz.

Seite 68

Garou, gespaltene Holzstücke, Lappenmoos, Haften, Bleistreifen, Steckschaum trocken, Technik: gehaftet.

Seite 69

Chamaecyparis pisifera ´Squarrosa´, Cladonia stellaris=Islandmoos, Malus-Zweige, Leucadendron sabulosum, Viscum album, Splittstäbe, Frischsteckmasse-Kegel, Eisenamphore, Technik: gesteckt.

Seite 70

Brahea dulcis=Schlangenholz, Brunia albiflora, Calocephalus brownii, Carlina corymbosa=Golddistel,

Chamaecyparis pisifera ´Filifera Nana´, Lunaria annua, Metroxylon sagu=Cannella natur, Pinus strobus, Zea mays, Sequoiadendron giganteum, Zapfen, Technik: gewickelt.

Seite 71

Borassus flabellifer=Palm male special, Buxus sempervirens, Chamaerops humilis, Gefäss, Band, Rebenbindegarn, Wickeldraht, Technik: gewickelt.

Seite 73

Gras, Lagenocarpus rigidus=Tiririca citron, Lunaria annua, Pinus strobus, Gras gebleicht extra, Sisalnetz, Juteband grün, Technik: geflochten, geknüpft, geknotet.

Seite 74

Chamaecyparis pisifera ´Filifera Nana´, Entandrophragma cylindricum=Wildlilie natur, Hyphaene thebaica=Palmspeer, Lagenocarpus rigidus=Tiririca citron, Lenzites elegans= Baumschwamm, Malus-Zweige, Rebenbindegarn,
Technik: gebunden.

Seite 76

Birkenzweige, Convolvulus arvensis, Flechtenzweig, Hanf gebleicht, Long needle-Gras, Physalis alkekengi, Gimpe, Wickeldraht, Technik: gewunden, konstruiert.

Seite 77

Alpinia allughas=Schwarzbeeren, Calocephalus brownii, Chamaerops humilis, Cornus stolonifera ´Flaviramea´, Eucalyptus calophylla, Malus-Zweige, Musa textilis= Bananenholz, Rebenbindegarn,
Technik: genagelt, konstruiert, geknotet.

Seite 78

Borassus flabellifer=Palm male special, Leucadendron daphnoides=Grandiflorum mit Pelz, Salix matsudana ´Tortuosa´, Metallständer, Kordel, Holzstab, Wickeldraht,
Technik: gebunden, geklebt, geformt, gewunden.

Seite 80

Adansonia digitata=Madeirakrone, Bambusstab, Chamaecyparis lawsoniana ´Spiralis´, Cladonia stellaris, Convolvulus arvensis, Hanf gebleicht, Magnolia grandiflora, Gras gebleicht, Thymian satureioides verholzt, Kordel, Wickeldraht, Technik: gewickelt.

Seite 81

Chamaecyparis obtusa ´Nana Gracilis´, Flechtenzweige, Hyphaene thebaica, Lagenaria siceraria=Flaschenfrucht, Leucadendron platyspermum, Magnolia grandiflora, Physalis alkekengi, Pinus pinaster, Taxus baccata, Hanfkordel, Bambusstäbe, Wickeldraht, Technik: gewickelt.

Seite 84

Erica carnea, Hedera helix, Protea repens, Kranzband, Naturranken, Rebenbindegarn, Pflanzschale.

Seite 85

Cedrus deodara, Dendranthema-Grandiflorum-Hybriden, Festuca glauca, Hedera helix, Ilex aquifolium, Plattenmoos, Pflanzschale.

Seite 86

Clematis vitalba, Dendranthema-Grandiflorum-Hybriden, Flechtenzweig, Lunaria annua, Magnolia grandiflora=Skelettblätter, Terra-Kübel aus Kunststoff.

Seite 87

Ajuga reptans ´Atropurpurea´=Günsel, Buxus sempervirens, Euonymus japonica, Hedera helix, Pinus mugo, Schale.

Seite 88

Bergenia cordifolia, Helleborus niger, Senecio bicolor, Rosmarinus officinalis, Schale.

Seite 89

Calocephalus brownii, Cladonia stellaris, Hedera helix, Senecio bicolor, Kordel, Myrthendraht mattsilber, Schale.

Seite 90 oben

Aegle marmelos=Bell Cup natur, Calluna vulgaris, Cladonia stellaris, Juniperus squamata ´Blue Star´, Pinus parviflora, Trockenzweige, Schale.

Seite 90 unten

Calluna vulgaris, Chamaecyparis obtusa ´Nana Gracilis´, Cladonia stellaris, Salix caprea, Kordel, Schale.

Seite 91

Calocephalus brownii, Erica carnea, Pernettya mucronata, Senecio bicolor, Schale.

Produktnachweis:

Die in diesem Buch verwendeten Produkte wurden uns freundlicherweise von folgenden Firmen zur Verfügung gestellt:

Accessoires, Dekoteile:	Decorama-Attasio (Bocholt), Niermann (Münster).
Bänder, Kordeln:	Halbach-Seidenbänder (Remscheid-Lüttringhausen).
Gefässe:	Boss Elitaire (Balingen), Bosse (Wiernsheim), Decorama-Attasio (Bocholt), Kehrle (Weissenhorn), Klocke (Minden).
Gehölze, Koniferen, Stauden:	Heidemann "Blume&Design" (Enger), Scheidtmann (Essen).
Trockenfloralien:	Steingaesser (Miltenberg).
Unterlagen:	Smithers-Oasis (Grünstadt), Romberg (Hamburg), Freese (Malente).
Trauerkarten:	Lethe-Verlag (Fridolfing).

Jan-Dirk von Hollen

Geboren 1967 in Bielefeld

1984-1987	Ausbildung zum Floristen. Teilnahme an Berufswettkämpfen
1993	Floristmeisterprüfung in Grünberg als erfolgreichster Absolvent seines Jahrgangs
seit 1992	freischaffend tätig als Floraldesigner, Ausstellungen und Demonstrationen beim floristischen Bedarfsgrosshandel im Inland und europäischen Ausland, Referent des Fachverbands Deutscher Floristen.
Seit 1994	freier Mitarbeiter im "profil floral"-Team von Florist-Weltmeister Klaus Wagener
1996	Mitarbeit am „profil floral"-Buch „Festival der Strässe" und Projektleiter des „profil floral"-Buches „TrauerFloristik - Zeit des Gedenkens".

Tatjana Sautter-Durban

Geboren 1969 in Offenburg

1985-1988	Ausbildung zur Floristin in Offenburg
1992	Floristmeisterprüfung in Grünberg
1992	Mitarbeit am Buch „Objekte" von Peter Assmann
1992-1995	selbständig mit eigenem Blumenfachgeschäft in Kehl am Rhein
Seit 1996	mit „BlumenArt" freischaffend tätig, u.a. Unternehmensschulungen, Ausstellungen und Demonstrationen beim floristischen Fach-grosshandel. Lehrtätigkeit in Deutschland, der Schweiz und Frankreich. Teilnahme an Berufswettkämpfen und Fach-Ausstellungen, u.a. „Silberne Rose Baden-Württemberg 1996"
1996	Mitarbeit am „profil floral"-Buch „TrauerFloristik - Zeit des Gedenkens".

Stephan Pantze

Geboren 1967 in Schieder-Schwalenberg/Lippe

1983-1989	Ausbildung zum Gärtner und Floristen
1994	Floristmeisterprüfung in Grünberg
Seit 1994	freischaffender Floristmeister, u.a. Tätigkeit im elterlichen Betrieb, Demonstrationen und Ausstellungen im floristischen Bedarfsgross-handel im Inland und europäischen Ausland.
Seit 1995	freier Mitarbeiter im Team „profil floral" von Florist-Weltmeister Klaus Wagener
1996	Mitarbeit an den „profil floral"-Büchern „Festival der Strässe" und „TrauerFloristik - Zeit des Gedenkens".